AF587047

MES
SOUVENIRS D'ENFANCE.

LA SOUPE AU CAILLOU.

MA VISITE
A LA GRANDE CHARTREUSE.

PARIS
TYPOGRAPHIE DE PLON FRÈRES,
IMPRIMEURS DE L'EMPEREUR,
RUE GARANCIÈRE, 8.

1854

MES

SOUVENIRS D'ENFANCE.

CHANT PREMIER.

LE CHATEAU DE MON GRAND-PÈRE, LA-RUE-DU-BOIS.

Renais, prends ton essor, Muse de mon jeune âge;
Après avoir langui dans ce triste esclavage
Que Ferrière et Pothier te forçaient de subir,
De leur style légal tu peux donc t'affranchir!
Quand de ta liberté l'aurore enfin commence,
Accours, viens retracer mes souvenirs d'enfance,
Me rappeler ces jours de paix, de vrai bonheur;
Et, ranimant ainsi ma mémoire et mon cœur,
Me faire remonter le fleuve de la vie.

Dans un village heureux de notre Picardie
S'élève un vieux manoir dont le nom vénéré
Jamais de l'indigent ne put être ignoré.
D'un nouveau pavillon la moderne élégance
Témoigne que son maître, en des jours d'opulence,

Nourrissait le dessein d'y bâtir un château
Plus vaste, plus riant, plus commode et plus beau;
Mais, hélas! tout à coup la Discorde ennemie,
Qui d'un voile sanglant couvrait notre patrie,
Lui ravit les faveurs dont Plutus le comblait,
Et laissa pour longtemps son projet imparfait.

Je vais donc vous revoir, doux lieux où mon enfance
Vit couler ses beaux jours de paix et d'innocence!
Tes bosquets, tes gazons, ô gracieux logis,
Vont sourire à mon cœur comme de vieux amis!
Mes regards, devançant ma course impatiente,
Ont déjà reconnu ta girouette mouvante,
De tes droits oubliés vieux débris féodal,
Et ce grand colombier au toit pyramidal,
Qui couvre une prison dès longtemps superflue;
Voici ta *plaine noire* et sa triple avenue,
Ta cour et ses tilleuls si longtemps désirés;
De ton perron enfin je franchis les degrés...

Là, dans ce cabinet, bravant la solitude,
Et des livres sacrés faisant sa douce étude,
Un vertueux vieillard, éclairé par la foi,
Du Dieu que son cœur aime interprète la loi.
De ses petits-enfants une bande indiscrète
Force chaque matin sa paisible retraite;
Ils viennent l'embrasser, réciter leurs leçons,
Mais aussi dans l'espoir de croquer ses bonbons.

L'œil au guet, attendant que sa main leur en donne,
Ils savent que jamais il n'oublia personne.
L'armoire ouverte enfin, le fondant chocolat
Embaume chaque bouche en flattant l'odorat;
Puis sur le vert gazon la troupe se déploie,
Et l'écho du bosquet retentit de leur joie.

A leurs jeux enfantins déjà n'ayant plus part,
Pour moi j'offre au bon père une lutte au billard;
Il s'est bientôt armé de sa queue en ébène;
Puis soudain, comme un trait fendant la verte arène,
L'ivoire atteint l'ivoire, et nos éclats joyeux
Annoncent chaque coup adroit ou malheureux.

Parfois de ce palais, étonnante merveille,
Qu'avec tant de constance édifia l'abeille,
Je le vois enlever un succulent trésor
Que, par de longs travaux, va rétablir encor
Du peuple dépouillé l'active république;
Cultiver d'autres fois son jardin botanique,
Pour le pauvre en tirer d'heureux médicaments,
Et faire encor le bien dans ses délassements.
Bon, juste envers chacun, mais envers lui sévère,
Simple, humble, charitable, ah! voilà mon grand-père;
Puissent ses petits-fils, par qui mes vers sont lus,
Vénérant sa mémoire, imiter ses vertus!

Pour embellir encor une si pure vie,
Dieu combla de ses dons cette épouse accomplie
Qui sut par son amour, sa constante douceur,
Donner à son mari cinquante ans de bonheur.
Avec ses blancs cheveux, son air plein de noblesse,
Et ce regard aimable où se peint la tendresse,
Près de sa cheminée occupant son fauteuil,
A toutes les douleurs je la vois faire accueil.
Les ouvrages pieux de sa main charitable,
Devant elle étalés, ont surchargé sa table;
Elle en vêtit le pauvre : et, guettant son berceau,
Même avant sa naissance a formé son trousseau.
Devient-il orphelin, elle s'en fait la mère;
Est-il vieux, le visite en sa froide chaumière;
Dans son cœur défaillant soutient la piété,
Jusqu'à son lit de mort étend sa charité...

Du juste qui te sert la famille est bénie [1];
Sur ce ménage heureux ta promesse est remplie,
Seigneur, tu fais germer dans le cœur des enfants,
Les vertus dont ta grâce anima leurs parents!

C'est à toi, bonne tante, ayant un droit d'aînesse,
Que ma Muse novice en premier lieu s'adresse;

[1] *Generatio rectorum benedicetur.*

Ces paroles du Psalmiste furent adressées à mon grand-père par l'évêque d'Amiens.

A toi qui, d'être mère ignorant le bonheur,
Entre tant de neveux sus partager ton cœur.
Ah! comment retracer leur gaîté pétulante
Quand, pouvant satisfaire une trop longue attente,
Ils allaient te revoir dans ce charmant logis
Que de nommer en vers Phébus n'a pas permis [1]!...
Il est enfin venu le jour de ce voyage :
Et deux pesants chevaux, quittant le labourage,
Sont au cabriolet par *Baptiste* attelés;
Nous alors, dans ses flancs l'un sur l'autre empilés,
Nous partons : et le char, des routes de traverse
Ressent les durs cahots, trop heureux s'il n'y verse...

Après avoir revu ce ravissant séjour
Que l'industrie anime à la voix de *Belcour*,
Enfin nous te touchons, riante métairie,
Que se plaît à parer une tante chérie,
Et, sûrs d'un bon accueil, nous volons dans ses bras.
Cependant, par son ordre, un succulent repas
Vient confirmer de *Fort* la juste renommée;
Puis au dessert la fraise et la pêche embaumée
Pour exciter le goût viennent enchanter l'œil,
Et causent à leur maître un innocent orgueil.
Oncle bon et chéri! si ta sagesse lente
Dementit une épouse active et pétulante,

[1] La-Rue-du-Bois.

Partageant envers nous sa bonté, sa douceur,
Toujours avec le sien tu confondis ton cœur;
Reçois donc le tribut de respect, de tendresse
Qu'au nom de tes neveux ma voix ici t'adresse.

L'appétit satisfait, on se lève, et soudain
Notre troupe bruyante est bientôt au jardin;
Semblable à ces agneaux qui de leur bergerie
S'élancent bondissant sur la verte prairie;
Et tel que le pasteur suit leurs ébats joyeux,
Telle aussi notre tante applaudit à nos jeux.
Tantôt, nous confiant à cet étang tranquille,
Si nos mains font glisser le batelet docile,
Elle des nautoniers sait modérer l'ardeur.
Tantôt, moins imprudents, sous un appât trompeur
Ayant caché le dard de la ligne perfide,
Nous rendons prisonnier le goujon trop avide.
D'autres fois, de nos preux simulant les combats,
Sous deux chefs ennemis nous devenons soldats;
Alors, sur son rival, le cœur plein de vaillance,
Apprenti paladin chacun de nous s'élance :
Enfin l'attaque cesse, et l'écho du vallon
Du chevalier vainqueur a proclamé le nom.

Mais quel désastre est né d'une lutte si grande!
Du parterre élégant plus d'une plate-bande
A gardé de nos pas le signe accusateur,

Désespoir de *Germer*[1] ! Ah ! que dis-je ? ô douleur !
Des tulipes, hélas ! la plus belle est tombée ;
Et sa tige mourante, aux regards dérobée,
Dans le bosquet voisin a reçu son tombeau ! ! !

Ravissant Watelet, prête-moi ton pinceau ;
Viens m'aider à tracer ce riant paysage
Dont le charme, échappant aux yeux de mon jeune âge,
Bientôt sut m'enchanter, procurer à mon cœur
Des plaisirs sans remords, des rêves de bonheur !

Limpide et frais ruisseau, c'est ta nymphe chérie
Qui porte à ce vallon l'abondance et la vie !
Là, pour multiplier le bienfait de tes eaux,
Tu sais les contenir entre d'étroits canaux,
Et rendre pour un temps ta naïade captive ;
Un pré seul en jouit ; tandis qu'à l'autre rive
Le voisin, réclamant ta visite à son tour,
Avec impatience invoque ton retour.
Ici l'heureux pouvoir de ta force puissante
Soulève du moulin la roue obéissante,
A tout son vaste corps donne le mouvement
Et monte à son grenier les produits du froment.
Plus loin, coulant en paix sous de vertes arcades,
Tu semblais sommeiller, quand, tombant en cascades,
Tu débordes la vanne irritant ta fureur,
Et ta bouillante écume y laisse sa blancheur.

[1] Nom du vieux jardinier de mon oncle.

De ce riche tableau que la douce harmonie
Élève donc notre âme et la rende attendrie!
Ici tout est plaisirs, abondance, travail...
Voyez le fier taureau conduisant ce sérail,
Qu'avec un noble orgueil en sultan il domine;
Il le rallie au son de sa cloche argentine,
Et ses longs beuglements lui marquent son amour.
De ce riant sentier suivons-nous le contour ?
Là, de nombreux mulets, au pas sûr et tranquille,
De froment surchargés, cheminent à la file;
Tandis qu'insouciant et le fouet à la main,
Leur guide enfariné, pour charmer son chemin,
Fait retentir au loin ses chants dans la prairie.

Cependant du vallon la récolte est mûrie :
Voyez, le corps penché, la troupe des faucheurs
Tracer ces longs andains qu'arrosent leurs sueurs,
Et pour couper les foins qu'attendent les étables,
En cadence agiter leurs bras infatigables...

Mais leur faux, dans sa course, ô douleur ! a surpris,
A baigné dans son sang une tendre perdrix,
Dont le sein maternel réchauffait la couvée,
Qui, sans plumes, hélas! sous son aile est trouvée...
Ah! qui pourrait te peindre, ô tableau déchirant !
De son œil presque éteint un regard expirant
Se tourne vers ce nid qui ne fait que d'éclore,
Et son dernier soupir le redemande encore...

CHANT DEUXIÈME.

SÉJOUR A LA FERME.

Déesse de mon cœur, viens inspirer mes chants,
Viens prêter à ma voix tes plus tendres accents,
Piété filiale, et que ta sainte flamme
Se produise en mes vers comme elle est dans mon âme.
Le souvenir d'un père en sera le sujet...
Hélas! à mon amour si le Ciel l'a soustrait,
Sa tendresse du moins et ses vertus touchantes
Jusqu'à mes derniers jours me resteront présentes;
Ce sont elles qu'ici je voudrais retracer
Et comme un doux modèle à mes enfants laisser.

Sur le flanc du château que mon aïeul habite
Un champêtre logis modestement s'abrite;
D'un poëte fameux rappelant le renom,
De pavillon *Malherbe* il a reçu le nom.
J'y vois de logements une longue enfilade,
Auprès un large puits, et devant sa façade
Le spectacle animé d'une rustique cour
Qui par des toits de chaume a formé son contour.

Cérès dans cette grange entasse ses richesses;
De Pomone en ses flancs recueillant les largesses,
Un cellier se remplit de ce jus pétillant
Dont ne peut se priver le Picard indolent;
Là cette bergerie où l'automne ramène
Le peuple qui nous paye un tribut de sa laine;
Ici, quand vient le soir, de vigoureux chevaux
Que l'aurore doit rendre à leurs rudes travaux
Savourent à loisir l'avoine nourrissante;
En rentrant sous ce toit la mamelle pendante,
La sœur d'Io nous offre un breuvage écumant
Que réclame son veau par un long beuglement;
Puis ce réduit modeste où la poule recèle
Le dépôt de ses œufs que va couver son aile;
Tandis que son époux, assuré d'être aimé,
Nouveau sultan, courtise un sérail emplumé.

O précieux trésors! vous fûtes le partage
De ce père à la fois actif, modeste et sage,
Qui, fuyant la discorde au temps de la *terreur*,
De grave magistrat devint bon laboureur.
C'est en faisant le bien dans ce champêtre asile
Qu'il écarta de lui la tempête civile,
Et qu'en ces jours de haine il n'eut que des amis.
Offrant donc à Cérès le culte de Thémis,
Et d'un code nouveau faisant sa douce étude,
Il prit de la culture une heureuse habitude;

Des anciens préjugés sut dévoiler l'erreur,
Et rendit aux sillons leur primitif honneur.
C'est toi qui le guidas, harmonieux Virgile,
Et toi, cher Bernardin, dont le talent facile
Alors nous révélait ces innocents amours
Dont un affreux trépas vint arrêter le cours...
Formée à leurs leçons, sa mûre expérience,
Du fruit de ses travaux a doté la science;
Et son utile ouvrage, aimé des laboureurs,
Sait encore régler, épargner leurs labeurs [1].

Mais ces doctes leçons, que son savoir explique,
Alerte, infatigable, il les met en pratique;
Et, grâces au bidet dont il presse les flancs,
Il guide en divers lieux ses ouvriers trop lents.
C'est surtout quand l'Été, par son ardente haleine,
De la blonde Cérès dore la riche plaine,
Qu'il anime au travail ses nombreux moissonneurs;
Souffrant alors près d'eux la bande des glaneurs,
Il leur dit de Booz les paroles si belles :
« Laissez la pauvre Ruth glaner dans mes javelles;
» Que les plus beaux épis, répandus sur ses pas,
» Lui viennent épargner un pénible embarras.
» Elle est le seul soutien d'une aïeule débile,
» Nouvelle Noémi... Si Dieu rendit fertile

[1] *Principes d'agriculture et d'économie.* 1 vol. in-8°, 1804, chez Marchant, quai des Grands-Augustins.

» Ce champ qu'à nos travaux confia sa bonté,
» C'est afin qu'en son nom la douce Charité
» S'applique à secourir le pauvre en sa misère;
» Car ce Dieu qui nous aime en est aussi le père...»

Mais pourquoi ces accords, ces chants religieux
Entremêlés de cris, de *houpements* joyeux?
De nos bons moissonneurs la tâche est terminée...
De bluets, de rubans, par leurs mains couronnée,
Une dernière gerbe a formé le bouquet
Qu'ils s'empressent d'offrir au maître satisfait.
Surchargeant de leur nombre un chariot rustique,
Du pieux *Te Deum* ils chantent le cantique;
Et le long du chemin, le salpêtre tonnant
Annonce avec fracas leur cortége bruyant.

La plaine est moissonnée... accours, ami fidèle,
La déesse des bois, cher Jules, nous appelle;
Hâtons-nous; saisissons nos tubes meurtriers,
Et, joyeux, livrons-nous à ses plaisirs guerriers.
Nous voilà parcourant la luzerne fleurie,
Quand soudain de perdreaux part une compagnie;
Dans nos mains l'éclair luit... mais le plomb destructeur
Cette fois ne leur fait que le mal de la peur...
A des coups plus adroits pourront-ils se soustraire?
Non, sans le dévouement que va montrer leur père :
Feignant d'être blessé, poussant des cris plaintifs,
Il éloigne nos pas des pauvres fugitifs,

Et, trompant notre ardeur, l'attire sur lui-même;
Puis, tout fier du succès de son doux stratagème,
Il fuit d'un vol rapide, et, par un long détour,
Vers ses poussins tremblants dirige son retour.
Pourtant mon second coup atteint leur tendre mère,
Qui, s'oubliant pour eux, s'envolait la dernière;
Son flanc est déchiré, elle tombe... O douleur!
Diane a donc banni la pitié de mon cœur!!!
Sur le chaume sanglant ma main la prend mourante,
Et mon carnier fatal la reçoit palpitante.
Pour elle ne sont plus ces plaines et ces bois
En des jours de bonheur parcourus tant de fois;
Hélas! durant la nuit et quand viendra l'aurore,
Ses petits vainement l'appelleront encore.

Nous, fiers et pleins d'espoir, nous battons le guéret;
Quand Médor tout à coup, en formant un arrêt,
Sur son gîte retient ce levraut si timide,
Qui pourtant se confie à sa course rapide;
Mais, plus prompts que ses pas, nos foudroyants éclairs
De leurs coups redoublés font retentir les airs;
Alors le fugitif, tout sanglant, hors d'haleine,
Veut s'élancer encore et se soulève à peine;
Enfin épuisé, tombe... et Médor triomphant
Le saisit, à nos pieds le rapporte expirant.

Ton nom, pauvre Médor, tristement me rappelle
Le souvenir affreux de ta fin trop cruelle.

Ce monstre impitoyable, aveugle en sa fureur,
Qui, répandant au loin l'épouvante et l'horreur,
Frappe les animaux pour mieux atteindre l'homme,
La rage... (puisqu'il faut enfin que je la nomme)
Envahissait, hélas ! notre triste canton;
Médor de son atteinte a donné le soupçon;
Ses yeux sont enflammés, sa gueule est écumante,
Son gosier, desséché par une soif ardente,
Des eaux ne peut goûter la salubre fraîcheur,
Et leur présence seule irrite sa fureur.
Dans son brûlant délire, il ne sait plus connaître
La main, ni le regard, ni la voix de son maître;
Pour calmer ses transports nos soins sont superflus;
Sous de tristes verroux, hélas ! il est reclus.
Là, durant vingt soleils, une horrible agonie
Ne peut éteindre encor le flambeau de sa vie,
Qui, semblant se nourrir de ses affreux tourments,
Finit par s'échapper avec ses hurlements...
Pour vaincre du fléau la maligne influence,
De nos bons villageois la bizarre croyance,
Du puissant saint Hubert invoquant le secours,
En sa magique clef mit alors son recours.
Un prétendu sorcier vint appliquer rougie
Sur le front du bétail sa brûlante effigie,
Qui, manquant de vertu pour dompter le poison,
Du moins des paysans sut guérir la raison.

Pour éloigner de moi ce sujet de tristesse,
Mes chants vont essayer de peindre ta tendresse,
Ma mère; je remonte à ce jour fortuné
Où joyeuse, à ma vue offrant ton nouveau-né,
Tu promis à mon cœur l'amitié d'un bon frère.....
Par la souffrance, hélas! s'ouvrant à la lumière,
Déjà ses faibles yeux sont inondés de pleurs;
Et, voulant t'exprimer de naissantes douleurs,
Ses cris de la parole ont devancé l'usage.....
Mais que tu comprends bien leur éloquent langage,
Toi qui, lui prodiguant les trésors de ton sein,
Sais calmer tous ses maux en apaisant sa faim!
Des soins plus doux encore occupent ta pensée;
L'eau sainte du baptême est sur son front versée;
Une nouvelle vie anime cet enfant,
Qui de l'enfer, hélas! fut l'esclave en naissant.
Mais il vient racheter sa faute originelle,
Et, recouvrant ses droits à la gloire éternelle,
D'une auguste patrie il est fait citoyen,
Et reçoit doublement le beau nom de *Chrétien!!!*

Ma voix célébrerait la bonté, la sagesse,
L'ardeur de cette mère agissante sans cesse,
Qui, dès nos jeunes ans rêvait notre avenir,
Si ma Muse à mon cœur savait mieux obéir.
Sans prendre des pédants la férule sévère,
Elle sut diriger son école primaire;

Du travail, des repas lui régler les moments,
Ceux des pieux devoirs, ceux des amusements;
C'est sa main qui, guidant ma plume peu docile,
Enfin sur le papier la fit courir facile;
Aussi son écriture, offrant un trait correct,
Revivant dans la mienne, y laissa son cachet.

Cependant, devenu l'élève de mon père,
D'abord je dus apprendre une aride grammaire,
Que mes yeux trop souvent humectèrent de pleurs;
Mais combien à bon droit je bénis ces rigueurs
Qui domptèrent enfin ma mémoire rebelle,
Lorsqu'après tant d'ennuis je sus former en elle
Ce dépôt précieux, ce magique trésor
Que, bien loin d'épuiser, l'usage accrut encor!...

Ainsi ce père sage instruisait ma jeunesse,
Lui, dont l'heureux savoir éclairait la tendresse,
Et qui, Virgile en main, visitant ses moissons,
Me faisait admirer les touchantes leçons
Qu'offrent au laboureur les douces *Géorgiques*,
Et dont il profitait pour ses travaux rustiques.

Toutefois, rejetant le trop douteux secours
Des faux dieux dont Virgile appelait le concours,
Ouvrages des mortels, créés par leurs caprices,
Et par de vils excès encourageant leurs vices,

Lui, ne croyait qu'au Dieu qui fut avant les temps;
Et, faisant ériger au milieu de ses champs
Le signe vénéré qu'arbora le Calvaire,
Implorait à ses pieds, non les biens de la terre,
Mais les trésors du Ciel, l'ardente charité,
L'esprit de pénitence, avec l'humilité,
Ces vertus qu'ignoraient tous les sages de Rome,
Et que seule enfanta la croix d'un Dieu fait homme!

Aussi combien de fruits modestement pieux
Produisit dans son cœur leur assemblage heureux!
Je le vois, quand Vesper suspend ses soins rustiques,
Appeler près de lui ses fils, ses domestiques,
Leur lire l'Évangile, et ces récits touchants
Qui peignent des martyrs les glorieux tourments;
Puis, les ayant nourris de l'auguste doctrine
Que le Christ enseigna de sa bouche divine,
Implorer avec eux ses célestes faveurs,
Faisant servir sa voix d'interprète à leurs cœurs;
Tantôt aux mendiants, dont les bandes errantes
Portent vers son logis leurs voix apitoyantes,
A jour fixe donner d'une prodigue main
Les produits farineux que fournit son jardin,
Et lui-même en régler l'équitable partage
Sur ceux dont est grevé chaque pauvre ménage;
Tantôt les garantir des rigides saisons
Avec les doux tissus de ses chaudes toisons.

2.

Vous connûtes aussi les ardeurs de son zèle,
Vous, pauvres orphelins, dont il prit la tutelle!
Quand le Ciel vous priva de l'auteur de vos jours,
Votre tendre jeunesse attendait le secours
De celle que le sang avait fait votre mère;
Mais elle profanait ce divin caractère;
Et ses excès honteux, réprimés par les lois,
De ce titre si doux lui ravirent les droits.
Puis de votre fortune, héritage modeste,
D'avides créanciers se disputaient le reste.
Quand dans cet abandon chacun vous délaissait,
Sur vous du haut des cieux la Charité veillait;
Elle inspirait mon père, allumait dans son âme
La courageuse ardeur que fait naître sa flamme.
En vain les tendres soins donnés à ses enfants
De sa vie occupée absorbent les moments [1];
En vain son corps gémit battu par la souffrance;
Tant d'assauts à braver, ni des lieux la distance,
Ni de nombreux procès le poids à soutenir,
Aucun motif humain ne peut le retenir.
Reine des nobles cœurs, la Charité l'appelle,
Lui montre, lui confie une charge si belle;
Et, doublant le fardeau de son ménage heureux,
Donne à des orphelins un père vertueux.....

[1] Mon père pouvait, aux termes du Code civil, refuser cette tutelle si onéreuse par le seul motif qu'il avait cinq enfants.

A ses nouveaux enfants étendant sa tendresse
Et leur sacrifiant sa santé, sa richesse,
Ce père n'a qu'un but qu'il suit avec ardeur,
C'est de former au bien leur esprit et leur cœur.
Sa science des lois, en éclairant son zèle,
A dompté la chicane auparavant rebelle,
Et de leur patrimoine a sauvé les débris.....
Mais de si grands bienfaits où reçoit-il le prix?
Ne pouvant l'espérer de la reconnaissance,
Sur terre il ne l'attend que de sa conscience;
Au ciel il l'obtiendra de ce bonheur sans fin
Que le Dieu qu'il chérit lui promet dans son sein!!!

. . . .

. . . .

. . . .

Lorsque nos jours heureux s'écoulent comme une heure,
Il faut t'abandonner, douce et chère demeure!
Un père prévoyant prescrit notre retour
Dans cette capitale, où fixent leur séjour
Les lettres et les arts dont l'heureux assemblage
Aux plus nobles emplois prépare le bel âge.
Hélas! nous te quittons!!! puisse ton souvenir
Dans l'amour des devoirs toujours nous maintenir!

CHANT TROISIÈME.

RETOUR A PARIS.

Nous étions revenus dans cette ville immense
A juste droit l'orgueil de notre belle France,
Et que, malgré son or, n'égalera jamais
La brumeuse cité du fastueux Anglais.
Ce fut dans un quartier bien aéré, tranquille,
De la magistrature alors modeste asile,
Mais qui, de l'industrie accueillant les travaux,
Retentit de nos jours sous les coups des marteaux;
Ce fut dans le Marais que se fixa mon père,
Choisissant pour logis l'hôtel Clermont-Tonnerre.

Au centre de sa cour, formant un dôme épais,
Un bosquet de lilas, où régnait un air frais,
Dans les ardeurs du jour, aux moments de l'étude,
Nous y faisait trouver la paix, la solitude;
Et dans ceux des loisirs y cultivant des fleurs
Nos mains en mariaient les parfums, les couleurs.

Mais pour quelques instants retournons en arrière.
O Muse! oublierons-nous cette école si chère

Qu'Auger avec Bernard, lévites du Seigneur,
Ouvraient à la jeunesse en ces jours de tiédeur.
Lorsque de toutes parts les recteurs des lycées
Aux gloires de ce monde attachaient leurs pensées
Pour donner à l'État des guerriers, des savants,
Eux, pour le Ciel d'abord élevant leurs enfants,
Demeuraient convaincus que la science est vaine
Si Dieu n'est son principe et sa fin souveraine.

Depuis quatre printemps, comme un songe écoulés,
Les savantes leçons de maîtres si zélés
M'apprenaient à goûter le génie et la grâce
Du sublime Virgile et du joyeux Horace,
Quand pour mon cœur ardent arriva ce beau jour
Où le jeune écolier, qu'embrase un saint amour,
Pour la première fois nourri du *pain de vie,*
Cause des séraphins la sainte jalousie.
Banquet mystérieux, à mon être mortel
Tu donnas l'avant-goût des délices du Ciel!

Ce fut surtout alors que, ne pouvant entendre
De mes parents absents la voix pieuse et tendre,
Je reçus ces écrits que leur plume traçait,
Et, qu'inspiré de Dieu, leur cœur aimant dictait.
Écrits toujours vivants, puissé-je vous relire,
Si jamais vers le mal l'ange déchu m'attire!

Dois-je oublier aussi des deux abbés Mollin
Les saints enseignements, le zèle tout divin.
Souvent leurs traits jumeaux à ma vue indécise
Causaient innocemment une douce méprise,
Quand, aux jours de congé, ces frères tour à tour,
Pour préparer mon âme au *sacrement d'amour,*
Se rendaient au logis de ma bonne grand'mère,
De l'ange que le Ciel mit pour nous sur la terre.

Ayant donné l'espoir à mon père chéri
Que, grâce au *pain des forts* dont je m'étais nourri,
Et malgré mes défauts qu'excusait ma jeunesse,
Des plaisirs corrupteurs je saurais fuir l'ivresse,
De l'école d'Auger je reçus mon rappel
Pour reprendre ma place au foyer paternel.
Je sus jouir alors des charmes de la vie
Que goûte une famille étroitement unie;
Et qui, n'ayant qu'un cœur, sait si bien adoucir
Les moments du chagrin, doubler ceux du plaisir.

Au quatrième étage une chambre proprette,
Où ne pouvait plonger nulle vue indiscrète,
Mais d'où l'œil embrassait la moitié de Paris,
Fut, près de mes parents, mon modeste logis.
Là, sur sa cheminée, en aucun temps chauffée,
Mes fusils, mon carnier s'étalaient en trophée;
Deux chaises, ma couchette et ma table en noyer,
Quelques livres choisis, voilà son mobilier;

Mobilier toujours propre, et qui n'a dû connaître
Pour garder son éclat que la main de son maître;
Il comblait tous mes vœux, il était mon trésor;
Je vivais sans désirs, à quoi m'eût servi l'or?

D'élèves studieux une foule empressée
Fréquentait dès ce temps les classes d'un lycée
Qui, du grand Charlemagne adoptant le beau nom,
Par d'éclatants succès achetait son renom.
Externe en ce lycée avec mon jeune frère,
Je pus, en demeurant sous les yeux de mon père,
Suivre un maître admiré, dont l'élégant savoir
Faisait naître des fleurs d'un aride devoir.
C'est ta muse, Laya, qui, toujours indulgente,
Guida le faible essor de ma Muse naissante;
Ta muse, qui sut faire éclater à la fois
Ton talent, ton courage en ton *Ami des lois.*

Sortant de rhétorique, imbu de poésie,
Apprendre le jargon de la philosophie,
Quel devoir ennuyant pour un pauvre écolier!
Quoi! pour un temps du moins, lui faut-il oublier
Ce langage fleuri, ces vers que Phébus aime,
Pour combattre un sophisme avec un froid dilemme?
Mais par moi cette tâche était douce à remplir,
Le vœu de mes parents la changeait en plaisir!

Délaissant aujourd'hui l'aride syllogisme
(Son seul nom dans un vers est presqu'un barbarisme),
J'apprête mes pinceaux pour un plus doux sujet,
Et veux de ma grand'mère esquisser le portrait.

De l'ancien parlement digne représentante,
Elle en avait gardé la démarche imposante,
L'austérité de mœurs, la noble dignité,
La grâce, le bon ton, la douce aménité.
Opulente, elle aimait dès sa tendre jeunesse
Dans le réduit du pauvre à verser sa richesse;
Mais lorsque nos discords, aux jours de la *terreur*,
Eurent réduit ses biens, sans refroidir son cœur,
Avant tout prélevant la part de l'indigence
Sur ceux que lui laissa l'auguste Providence,
Elle savait encor par les plus doux présents
Prévenir les désirs de ses heureux enfants.
Au Ciel avec usure, aimable et sainte mère,
Le Dieu de charité te rend l'or de la terre!

Auprès d'elle, attentive à deviner ses vœux,
Quelle est cette compagne aux soins obséquieux
Qui partage les maux, les plaisirs de sa vie?
Nos cœurs avant nos voix ont nommé *bonne amie*;
Celle qui préparait d'une obligeante main
Des sirops que nous eût enviés Savarin,
Ces pruneaux parfumés, ces compotes exquises
Bien dignes d'exciter nos douces convoitises.

Pour une fois encore entrant dans ce salon
Qui les mardis revoit, fidèles au boston,
Ces amis empressés qu'un bon accueil attire,
Saluons ce badin dont l'humeur nous fait rire.
A sa voix, à son nez de vrai polichinel
Vous l'avez reconnu..... c'est le cousin Morel,
Cousin de tout le monde, et pourtant sans famille.
Est-ce par sa tournure ou son esprit qu'il brille?
Non, mais son cœur nous aime, et ses lazzis plaisants,
Bien que trop répétés, sont parfois amusants.

C'est aujourd'hui congé... viens, jeune camarade,
Prenons Ménilmontant pour notre promenade;
Hâtons-nous, cher Eugène, à nos plaisirs joyeux
Trop tôt vont succéder des devoirs rigoureux!
Mais ici je m'arrête..... hier, plein du beau zèle
De tracer de ces lieux un tableau plus fidèle,
J'y courus, pour revoir leur aspect enchanteur
Qui jadis ravissait mes regards et mon cœur;
Hélas! quel changement vint attrister ma vue!
Là, de mille maçons une sale cohue
Depuis plus d'un printemps fondait de toutes parts
De tristes bastions, de belliqueux remparts,
Et ces tripots honteux où la brutale ivresse
Pour corrompre les mœurs s'unit à la paresse;
Aussi, couvert de plâtre en rentrant dans Paris,
Au lieu d'un habit noir, j'avais un habit gris.

Quand Phébus souriait à mes premières armes,
Je chantai ces coteaux alors si pleins de charmes;
Ces vers, m'est-il permis de les citer ici?
Ils sont bien imparfaits, qu'importe? les voici :

« Vous qui portez le poids d'une vie agitée,
» Ou des plaisirs trompeurs justement dégoûtée,
» Et qui d'un doux repos connaissez tout le prix,
» Venez en ces vallons pour oublier Paris.
» Leur aspect ravissant, leurs tapis de verdure,
» Ces arbres dont Zéphir courbe la chevelure,
» Un air doux, un ciel pur et des ombrages frais
» Vous y feront goûter des plaisirs sans regrets.
» Ici vous trouverez le calme, le silence,
» L'aimable paix du cœur, la féconde abondance.
» Venez donc..... ce sentier, qu'ont voûté les lilas,
» A suivre ses détours semble inviter vos pas.
» Flore en chaque saison y change sa couronne;
» Répondant à ses vœux, la fertile Pomone
» Toujours fait succéder de savoureux présents
» Aux boutons parfumés qu'enfanta le Printemps;
» L'arbre cher au Picard là sous son poids s'affaisse,
» Et reflété dans l'onde y double sa richesse;
» Les ceps du gai Bacchus, de grappes surchargés,
» Sur les flancs du coteau sont par gradins rangés;
» En globes de rubis plus loin pend la groseille;
» Puis l'abricot doré, la framboise vermeille

» Et la pêche fondante y groupent leurs couleurs.
» Les airs sont embaumés par les parfums des fleurs;
» L'abeille prend leurs sucs sans ternir leur parure;
» En des conduits secrets l'eau captive murmure;
» Et par leurs doux concerts aux échos d'alentour
» Mille oiseaux à l'envi redisent leur amour.

» Lieux charmants, quand Pothier me retient à la ville,
» Vous ouvrez à mes pas votre champêtre asile;
» Là, sous l'ombrage frais de vos arbres touffus,
» Souvent un rêve heureux me transporte à *Lihus!* »

J'ai l'âge où tout Français, au sortir de l'enfance,
Déjà n'est plus à lui, mais est tout à la France;
A quoi lui sert alors de savoir le latin,
S'il doit prendre le sabre et le mousquet en main?
Mieux vaut, pour qu'il échappe à la loi qui le presse,
Qu'il ait moins de science, un peu plus de richesse.
O richesse! ici-bas tu décides toujours
Du succès des talents, du succès des amours!
Mes parents en payant une importante somme,
Ainsi qu'on le disait, *m'achetèrent un homme;*
Et six fois mille francs durent me garantir
De la cruelle *chance* où j'étais de partir.

Quand arriva le jour de ce fatal *tirage,*
(Pour un cœur maternel quel sinistre présage!)

De Mars soudainement les foudres ont tonné,
Dans l'aire impériale un aiglon était né [1].

Le *sort* à mes désirs s'était montré prospère;
Des lois s'ouvrait pour moi la paisible carrière;
Quand un *décret* fatal atteignit les *conscrits*
Que le premier *appel* n'avait pas encor pris.
Dans ce pressant danger (voyez mon égoïsme !),
De mon *cher remplaçant* réveillant l'héroïsme,
Je lui lance un exploit portant sommation
De se faire écharper par procuration.
Mais, hélas! le maroufle, au sein d'un doux ménage,
Paraissait dégoûté de son premier courage;
Alors, n'hésitant plus, aidé de Tartarin [2],
A nuit close j'accours, je l'empoigne, et soudain
Sur un rustique char, malgré ses cris, ses larmes,
Je l'emmène à Beauvais entre deux bons gendarmes;
Et dès le lendemain, de paysan grossier,
Un bel équipement le fait carabinier.

Mon sort est décidé... la tendresse d'un père
Ouvre à mon avenir une noble carrière
Qui, me laissant fidèle aux règles de l'honneur,
Sur moi de la Fortune appelle la faveur.

[1] 20 mars 1811, naissance du roi de Rome.
[2] Alors huissier à Beauvais.

Heureux notariat, de ce double avantage,
Tu présentes l'attrait à ce père si sage!

En d'immortels contrats, qui dès l'instant font loi,
Prévenir la chicane et la mauvaise foi;
Guider de ses conseils, dans l'acte qui les lie,
Des *futurs* que l'hymen doit unir pour la vie;
Entre des héritiers, arbitre impartial,
Faire du bien commun le partage loyal;
Des vœux d'un *testateur* sage dépositaire,
Fidèlement remplir sa volonté dernière;
Représenter l'absent, et de la veuve en pleurs,
En soutenant les droits, adoucir les douleurs:
Du notaire voilà le pouvoir, l'influence;
Et, bien que dans l'estime il ait sa récompense,
Plutus paye à son zèle un généreux tribut.
Quel sort plus attrayant!!! Vers un si noble but
A diriger mes pas dès ce jour je m'applique.
Mais le *timbre* interdit toute œuvre poétique,
Et ce style élégant, harmonieux, fictif,
Que repousse un contrat, forcément positif...

Fuyez donc pour un temps, fuyez, aimables songes,
Dont mes chants redisaient les séduisants mensonges!
Tendre Muse, tu pars... Mais laisse-moi l'espoir
Qu'avant l'hiver des ans tu reviendras me voir!

Paris, 1837.

LA SOUPE AU CAILLOU,

OU

LA BIENFAISANCE EN DÉFAUT.

CONTE.

Reçois notre hommage éternel,
O Charité, céleste essence;
Car de Dieu seul vient ta puissance,
Et ta couronne n'est qu'au grand Ciel!
C'est en vain que, dans son audace,
La Bienfaisance prit ta place,
Et nous promit plus de bonheur;
Sa présomption déplorable
Ne produisit que la froideur
Et l'égoïsme misérable
Qui resserre et glace le cœur...

Aussi quand elle fut unie
Par la vaine philosophie

A ces faux noms de liberté,
D'union, de fraternité,
La Bienfaisance offrit à peine
A la triste misère humaine
Une faible et froide pitié.

Un conte, appris dans mon enfance,
Va démontrer ce que j'avance.

Courbé sous le poids de ses ans,
De ses chagrins, de sa souffrance,
Un pauvre gagnait à pas lents
Le toit lointain qui l'a vu naître,
Et sous lequel, en de beaux jours,
Hélas! il avait su connaître
La douce aisance et les amours...
Mais aujourd'hui, quelle misère!
Transi de froid, mourant de faim,
Et presque nu, pourra-t-il faire
Un long, un pénible chemin?
Quand tout à coup une chaumière
S'offre à ses yeux... Ces braves gens
Seront, dit-il, compatissants.
Tout grelottant donc il s'avance,
En réclamant leur bienfaisance
Au nom de la fraternité
Et des droits de l'humanité

(Vertus de nouvelle ordonnance).
Mais, hélas! un triste refus
L'a glacé, l'a rendu confus :
« Continuez votre voyage,
» Bon vieux; car nous n'avons chez nous
» Ni pain, ni viande, ni potage;
» Partez donc vite, et garez-vous
» De la prison; car la Justice,
» Par un décret récent a dit :
» Que l'indigence était un vice,
» Mendier était un délit. »

Ainsi laissé sans assistance,
Notre pauvre n'a d'espérance
D'éviter son affreux destin,
Que de ravir, hélas! par ruse,
Ce qu'à sa prière on refuse.
Il conçoit donc ce tour malin :
« Je vois, reprit le pauvre hère,
» Que chez vous aussi la misère,
» L'horrible faim se font sentir.
» Ah! qu'il est dur de la souffrir!
» Apprenez donc que cette pierre,
» Par un secret miraculeux,
» Peut nous procurer, sous vos yeux,
» Un potage délicieux...
» Vous souriez?... Placez-la vite,
» Bien lavée, en votre marmite,

» Que votre main remplira d'eau,
» En y mettant choux et poireau.
» Puis enfin que cette ramée
» Par le briquet soit enflammée;
» Car le feu nous ranimera
» Pendant que la pierre cuira.
» Déjà je vois le goût, la mine
» Que ce bouillon va nous offrir!...
» Toutefois, pour mieux attendrir
» Du caillou la vertu divine,
» De beurre il faut le revêtir... »

Aussitôt dit, dans la cabine
Chacun s'empresse d'obéir:
En un moment le feu pétille:
Et la trop crédule famille,
Déjà savourant le souper,
Autour du vieux vient se grouper.

Pour lui, puisant dans sa mémoire,
De voleurs une longue histoire,
Il sait rendre son auditoire
De sa ruse peu soupçonneux.
Il charmait donc la maisonnée,
Quand tout à coup, portant les yeux
Sur le flanc de la cheminée,
Où de porc un morceau pendait
(Et qu'avec soin on réservait

Pour fêter le saint du village) :
« Ah! quel délicieux potage
» Ferait ce morceau succulent
» S'il cuisait dans notre marmite! »
S'écria-t-il ; et sur l'instant,
Sans prendre avis il le dépend,
Et du même coup le descend
Dans le pot qu'il recouvre vite;
Ajoutant, sans changer de ton :
« J'avais laissé non terminée
» L'histoire de ce bûcheron
» Qui vit choir par sa cheminée
» Un boudin d'une aune de long;
» Quand, hélas! un souhait infâme
» Que fit son imprudente femme
» Le lui fit pendre au bout du nez... »
Puis il entame un autre conte;
Et tous les regards étonnés,
Fixés sur celui qui raconte,
De son larcin sont détournés.

« Enfin, dit-il, rendons visite
» Au bouillon de notre marmite,
» Car sa bonne odeur nous invite
» A bien souper... Quel goût exquis!
» Qu'un peu de sel y soit donc mis;
» Puis sans tarder trempons la soupe... »

A ce seul mot, un grand pain bis
Vite est taillé; toute la troupe
Se lève joyeuse, et soudain
Chacun, la cuiller à la main,
Autour de la table se range.
Quel festin fut jamais égal
A cet inattendu régal !!!
On chante, on boit, on rit, on mange
Comme on ferait en carnaval...

Le rusé, par cette bombance
Ayant bien arrondi sa panse.
Dit d'un ton grave et sérieux :
« Gardez ce caillou précïeux,
» Gage de ma reconnaissance
» Pour des hôtes si généreux;
» Surtout sachez en faire usage...
» Adieu, je reprends mon voyage. »

Paris, 1837.

A MADEMOISELLE AGLAÉ D'HÉNERIC.

MA VISITE A LA GRANDE CHARTREUSE.

Prenant au sérieux votre gai badinage,
Aglaé, je raconte un saint pèlerinage
Que j'entrepris, quittant dans un lieu de plaisir [1]
Des cœurs dont l'indulgence avait su m'accueillir.
Pour l'homme fatigué d'une mondaine vie,
Où l'oisiveté règne à la mollesse unie,
Qu'il est doux de passer dans la paix d'un saint lieu
Un seul jour sous le toit des serviteurs de Dieu!
Alors l'amour céleste, en ravivant son âme,
De tout terrestre amour épure en lui la flamme.
Le Ciel m'a fait goûter ce tranquille bonheur
Dont l'attente vingt ans fit palpiter mon cœur;
Oui, j'ai pu visiter à la Grande-Chartreuse
Des fils de saint Bruno la retraite pieuse,
Partager avec eux leur cellule, leur pain;
A minuit me lever pour l'office divin;

[1] Les eaux d'Aix, en Savoie.

Et perdre pour un jour dans une paix profonde
La mémoire des maux et des plaisirs du monde.
Que ces vers, où je grave un si doux souvenir,
S'il pouvait m'échapper, sachent le retenir!

J'avais pour compagnons de ce pèlerinage
Ma femme et mes deux fils parvenus au bel âge
Où l'âme est tout ardeur, et s'ouvre au sentiment;
Et vous que l'amitié, par un lien charmant,
A notre caravane avait unis naguère,
Et dont les jeunes cœurs, qu'une foi vive éclaire,
Gardent pour le devoir un amour si profond [1].
Nous arrivons ensemble à Saint-Laurent-du-Pont,
Cette dernière étape où tout objet futile
Devient au pèlerin un bagage inutile;
Il faut qu'il s'en sépare; il doit quitter aussi
L'attirail d'un vain luxe et tout mondain souci.
Au *Désert* plus de route accessible aux voitures;
De vigoureux mulets sont les seules montures
Que permette un sentier de rochers hérissé
Et par l'eau des torrents sans cesse traversé.

Nous partons... nos mulets, d'un pas sûr et tranquille,
Par leurs guides conduits cheminent à la file;
Dressés pour ce trajet, et sans jamais broncher,
Aux bords du précipice ils aiment à marcher,

[1] Trois amis de mes fils que nous rencontrâmes en voyage.

En franchissant des rocs les pentes anguleuses
Et des sapins tombés les souches monstrueuses.

Bientôt un grand fracas, qu'ont redit mille échos,
De l'industrie active indique les travaux;
Là le fer est dompté par la force puissante
De marteaux que soulève une onde bouillonnante;
Nul bras n'y semble agir; celui de l'Éternel
Seul paraît y forger tous les foudres du ciel;
Et l'éclat du charbon, qui pétille dans l'ombre,
Lance un flot de rubis sur notre route sombre.

Quatre heures nous avions, grâces à nos mulets,
Triomphé des périls semés dans ces forêts;
Nos yeux ne voyaient rien que des roches ardues,
Et d'antiques sapins s'élançant dans les nues;
Le but de nos désirs nous semblait fuir toujours;
Et pourtant le soleil précipitait son cours;....
Quand, sous le voile épais d'une vapeur brumeuse,
Apparut la cité de la Grande-Chartreuse;
Ainsi parmi la nue, en un jour solennel,
Jéhova se fit voir aux enfants d'Israël.
Nous étant approchés de la sainte retraite,
A peine nous avions agité sa clochette,
Que du frère portier nos pas sont entendus:
« Venez, entrez, dit-il, soyez les bienvenus;
» Mais, d'après un statut de notre ordre sévère,
» Nulle femme ne peut entrer au monastère

» (D'une telle défense on comprend la raison...);
» Il est près du couvent une sainte maison
» Que dirige une vierge au Seigneur consacrée,
» Aux dames en voyage elle ouvre son entrée. »

Ma femme alors s'y rend; quant à nous, tout chagrins,
Moi de me trouver veuf, mes fils d'être orphelins,
Nous franchissons le seuil de l'enceinte pieuse.

Dans une vaste salle une flamme joyeuse,
Projetant ses reflets sur d'antiques lambris,
D'abord a ranimé nos membres engourdis;
Et bientôt le souper est servi par un frère
Dont l'air riant et doux sait prévenir et plaire.
Une barbe touffue, ombrageant son menton,
Relève la blancheur d'un froc en molleton;
Le reste de sa tête a subi la tonsure;
Les grains d'un chapelet pendent à sa ceinture.

Seul le maigre est admis à ce souper frugal,
Dont les simples apprêts font pourtant un régal;
Puis on verse au dessert la liqueur renommée
Qui laisse un doux arome à la bouche embaumée,
Et dont seuls les Chartreux possèdent le secret.

Quittant bien restauré le modeste banquet,
Chacun vers sa cellule est conduit par un frère.
Dans la mienne étant seul, à genoux sur la pierre

(Dois-je donc l'avouer?), je saisis mon crayon,
Et j'inscrivis ces vers sur la blanche cloison :
« Souvenez-vous, Seigneur, des mots pleins de clémence
» Que vous dites à Loth, lui donnant l'assurance
» Que dix cœurs purs et droits, dix justes seulement
» Auraient pu détourner l'horrible châtiment
» Qu'à Sodome infligea votre sainte colère;
» De tant de serviteurs peuplant ce monastère,
» Que les cris, ô mon Dieu, montent donc jusqu'à vous,
» Et puissent désarmer votre divin courroux! »

Ma couche m'a reçu... mais en vain mes paupières
Appellent du sommeil les pavots salutaires,
Les plus graves pensers viennent serrer mon cœur :
« Que nous comprenons mal, me dis-je, le bonheur!
» Quoi! nous nous consumons pour jouir d'une vie
» A notre amour aveugle en un instant ravie;
» Tandis que le Chartreux, qui fuit nos vains plaisirs,
» Bien certain que Dieu seul peut combler ses désirs,
» Évite ainsi les maux dont le poids nous accable,
» Et s'assure à jamais une joie ineffable!!! »

Mon âme, qu'exaltaient ces pieux sentiments,
De l'insomnie ainsi remplissait les moments;
Quand soudain du beffroi les cloches argentines
Éveillent le couvent, l'appellent à matines;
Aussitôt je me lève; et, pour me rendre au chœur,
Je suis un corridor éternel en longueur,

Où veillait une lampe à la flamme indécise,
Qui me laisse à tâtons parvenir à l'église.
Une tribune haute, ouverte au pèlerin,
Lui permet d'assister à l'office divin
Sans troubler des Chartreux les pieux exercices.
Il les voit sous le froc souffrant de durs cilices,
Et longtemps prosternés devant le saint autel,
Y trouver l'avant-goût des délices du Ciel.

L'édifice sacré ne reçoit de lumière
Que du pâle flambeau porté par chaque père,
Et qui fait refléter sa tremblante clarté
Ainsi qu'un feu follet parmi l'obscurité.

Un père est revêtu de la toute-puissance
Qui de Dieu dans l'hostie appelle la présence;
Nul signe extérieur ne le distingue aux yeux,
Que sa barbe rasée ainsi que ses cheveux.

Leurs voix psalmodiaient ces chants du roi prophète
Qui peignent ses soupirs, sa douleur si parfaite,
Et sa vive espérance en l'envoyé divin
Qui devait par sa croix sauver le genre humain.
Sous ces arceaux bénits que la nuit environne,
Ces psaumes récités sur un ton monotone,
Mais que le cœur écoute avec recueillement,
Nous faisaient ressentir un saint enivrement.

Enfin des chants pompeux redirent les louanges,
La gloire et les bienfaits de la reine des anges;
Vers nos modestes lits alors nous retournons.

Déjà l'astre du jour de ses naissants rayons
Dorait les toits aigus du pieux monastère,
De l'aîné de mes fils lorsque la voix bien chère
Me réveille... et d'abord, pour rendre grâce à Dieu,
Pleins d'un zèle nouveau nous courons au saint lieu.

Un père y célébrait l'auguste sacrifice
Dont la vertu fléchit la céleste Justice;
Ce père en l'achevant venait de nous bénir;
Nous sortions... quand Ernest accourt nous prévenir
Que, devançant nos vœux, le prieur nous invite
Du cloître intérieur à faire la visite.
Un moine alors s'avance, et d'un air souriant:
« Vous voyez, nous dit-il, le bavard du couvent;
» Les paroles chez nous sont choses défendues
» (Il en est tant parfois de fausses, de perdues!...);
» Pour moi je puis causer, chargé par mon devoir
» De vous montrer ici tout ce que l'œil peut voir [1]. »

Sa main nous ouvre alors une salle gothique
Où s'assemble aux grands jours le conseil monastique;

[1] Historique.

L'œil y voit reproduits, d'après un peintre heureux,
La vie et les bienfaits du patron des Chartreux [1];
Puis une galerie, où nous conduit le père,
Développe les plans de chaque monastère
Dont l'immortel Bruno fut le saint fondateur.
Bientôt s'offre un autel, présent d'un empereur
Qui laissa le pouvoir pour une vie obscure,
Et la pourpre des rois pour la robe de bure [2].

Sans suspendre nos pas nous parcourons des yeux
Cent toiles retraçant les portraits des Chartreux
Qu'illustrèrent la mitre ou la pourpre romaine;
Mais qui, loin de briguer cette splendeur humaine,
Et n'y voyant qu'un joug qu'il leur fallait subir,
L'acceptaient toutefois pour encore obéir.

Des cellules gagnant le quartier solitaire,
« Visitons celle-ci, nous dit alors le père,
» Elle est vide d'hier;... son maître dans le Ciel
» Oublie auprès de Dieu son exil temporel. »

D'un fils de saint Bruno l'humble et chaste retraite
Se divise en trois parts : dans l'une la couchette,
La table, l'escabeau, sont tout le mobilier;
Du travail manuel une autre est l'atelier;

[1] La vie de saint Bruno, peinte par Lesueur, qui fait partie de la collection du Louvre.

[2] Charles-Quint.

Dans la dernière il prie, et, le front sur la pierre,
Souvent à méditer passe la nuit entière;
Enfin à chaque aurore il reçoit par un tour
De grossiers aliments pour vivre encore un jour.

Mais il est des amis qu'il laissa dans le monde;
Aussi de ses douleurs certes la plus profonde
Est de passer ses jours dans cet isolement
Qu'il doit subir encore à son dernier moment.
Étranger à leur joie ainsi qu'à leur souffrance,
De ses parents il doit ignorer l'existence;
Oui, sa mère paîra son tribut au trépas,
Que, déjà mort lui-même, il ne l'apprendra pas!

Nous nous étions pourvus de ces pieux rosaires
Façonnés et bénits par la main des bons pères;
Du départ l'heure sonne... un déjeuner frugal
Fait bientôt oublier le lever matinal;
Alors, le cœur rempli de la paix douce et pure
Que jamais des mondains le contact ne procure,
A ce port du salut ayant fait nos adieux,
Nous nous en retournons pensifs, silencieux!

Paris, 12 décembre 1852.

www.ingramcontent.com/pod-product-compliance
Lightning Source LLC
LaVergne TN
LVHW012013160826
845678LV00002B/805

* 9 7 8 2 3 2 9 6 7 0 9 4 2 *